100 árboles fácilmente identificables

núm. 5

Primera edición:
octubre 2013

C/ Muntaner, 200, ático 8ª
08036 Barcelona
Tel. 977 60 25 91 – 93 363 08 23
lectio@lectio.es
www.lectio.es

Diseño y composición:
Imatge-9, SL

Impresión:
Leitzaran Grafikak

ISBN:
978-84-15088-76-9

Depósito legal:
DL T 1159-2013

ÍNDICE

INTRODUCCIÓN

El árbol ha sido un elemento sagrado en muchas culturas y únicamente en los tiempos modernos ha perdido, en parte, su dimensión simbólica. El carácter mágico y emblemático de los árboles crece con la edad y ha perdurado hasta nuestros días, ya que un árbol centenario puede ser un símbolo de la unidad de un pueblo o escenario de las más variadas leyendas y episodios mitológicos. Quizá por esta razón el árbol es el único ser vivo, junto con las personas, que disfruta de protección individualizada en nuestro ordenamiento jurídico con el catálogo de árboles monumentales.

Un árbol centenario es siempre un anciano del mundo de las plantas merecedor del mismo respeto y protección que en otros tiempos dedicábamos a nuestros abuelos. Con el valor añadido de que un gran árbol es también un patrimonio biológico que acoge mucha vida a su alrededor, incluso después de muerto. Pero además de su valor individual, del tipo que sea, los árboles son una parte importante y fundamental de los bosques, auténtica cuna de la especie humana, ya que al fin y al cabo nosotros somos una especie más de primate. Quizá por esta razón los árboles y los bosques atraen especialmente a los humanos.

Nuestro planeta

Vivimos en un planeta azul envuelto en nubes y gases que funciona como un gran ser vivo. La atmósfera es una gran manta tér-

mica que deja entrar la radiación del Sol pero no deja escapar el calor de la Tierra. Es así cómo la Tierra mantiene la temperatura idónea para el desarrollo de la vida. Pero la composición de esta atmósfera no es estable y se mantiene, precisamente, gracias a la actividad de los seres vivos que la habitan. La atmósfera es así debido a la existencia de vida y la propia vida procura mantenerla así por mucho tiempo. Con la respiración, los seres vivos recogen oxígeno y liberan anhídrido carbónico. Con la fotosíntesis, las plantas hacen todo lo contrario. Un equilibrio que parece perfecto, pero que los humanos estamos cambiando.

El setenta y uno por ciento de la superficie de la Tierra es agua y, de hecho, la vida comenzó dentro del agua, protegida por los rayos ultravioleta que en aquellos tiempos llegaban directamente a la superficie por la ausencia de atmósfera. Muy despacio, la vida fue modelando el planeta, creó una capa protectora de ozono y se asomó a tierra firme. Millones de años de evolución han tenido como resultado una multitud de formas de vida, que se relacionan entre ellas y forman sistemas de equilibrio entre especies: los ecosistemas.

Los ecosistemas terrestres más complejos son los bosques. Acogen dos terceras partes de las especies conocidas de seres vivos e influyen directamente en el clima, regulando el régimen de lluvias y la evaporación del agua. Los bosques bien conservados tienen árboles de todas las edades, incluidos árboles jóvenes, que representan el futuro del bosque; árboles viejos con cavidades naturales que dan cobijo a muchas especies forestales, desde murciélagos hasta insectos, pájaros y roedores; y árboles muertos, que abren grandes claros al caer, favoreciendo la regeneración del bosque y dando vida a gran cantidad de organismos descomponedores.

Pero la función de los bosques maduros no termina con la vida que acogen a su alrededor, sino que su importancia llega mucho más allá. Los árboles centenarios almacenan grandes cantidades de carbono, que de otra manera iría a parar a la atmósfera, con el consiguiente aumento del efecto invernadero, y contribuiría al calentamiento global. Los bosques viejos absorben el carbono producido por la respiración, por los incendios forestales y por nuestra contaminación, y así frenan el calentamiento global y el cambio climático que estamos provocando. Los bosques maduros, por tanto, son la garantía de que la vida pueda continuar existiendo.

El hombre y el bosque

En un principio los hombres éramos recolectores y cazadores, pero ser nómada tenía muchos inconvenientes, por lo que el hombre evolucionó hasta convertirse en una criatura sedentaria que encontraba en el bosque todo lo que necesitaba para vivir: alimentos, agua y también madera para hacer cabañas, herramientas y fuego. Los bosques son la cuna de nuestra civilización. De aquí surgieron las leyendas más fantásticas y los miedos más ocultos. Los hombres protegían el bosque, que era su casa, y los árboles viejos acogían y protegían a los hombres, tanto vivos como muertos. Bosque y hombre vivían el uno para el otro. Eran otros tiempos…

Durante muchos años, y hasta hace poco, los hombres hemos vivido con el bosque y del bosque. En la propia España, hace sólo cincuenta años, trabajar en el bosque era algo muy normal, hasta el punto de que en muchas regiones el bosque daba trabajo a la mayor parte de la población.

Muchos ambientes forestales han sido modelados desde tiempos históricos por miles de carboneros y hombres de campo que se ganaban la vida cociendo literalmente leña de encina hasta convertirla en carbón. El carboneo pasó a la historia a mediados del siglo pasado. De aquella época solamente nos queda el paisaje, marcado por la actividad, y el recuerdo de la gente mayor.

La madera de castaño era apreciada en ebanistería por su dureza y ductilidad, lo que le daba múltiples aplicaciones. Con la única ayuda del hacha, el puñal y el trinchante, los leñadores cortaban los retoños, los enrollaban y los agrupaban en haces. Antes que nada, en el banco de contrachapar, abrían los retoños a lo largo, antes de pasarlos al banco de afilar, donde los afinaban hasta la medida justa para poderlos enrollar. Durante muchos años, los embalajes cilíndricos de madera, hoy en día en desuso, quedaban bien sujetos con anillos concéntricos de madera de castaño.

En la España mediterránea, los peladores de corcho trabajaban de sol a sol. Primero empezaban marcando la parte superior de la zona que se pretendía descorchar. Después abrían cortes verticales hacia abajo, siguiendo, cuando era posible, las mismas grietas naturales del árbol, y después separaban el corcho del tronco

procurando sacar entera toda la plancha sin deteriorar la corteza. Los alcornoques jóvenes que se descorchan por primera vez dan corcho bornizo poco apreciado. Para mucha gente, el corcho era un material y un sistema de vida respetuoso con el entorno. Lo mismo pasaba con otros árboles y arbustos, como el brezo, cuyas ramas se aprovechaban para hacer escobas, mientras que la parte superior de sus raíces daba madera muy dura ideal para fabricar pipas de fumar. Las piñas pequeñas del pino silvestre ayudaban a las gentes de campo a prender el fuego y de las grandes piñas de los pinos piñoneros se aprovechaban los deliciosos piñones. En otoño era el tiempo de las castañas y también el momento de ir a buscar setas... El bosque formaba parte de la vida cotidiana de la gente.

Hoy en día todavía vivimos en un país forestal. Pero con nuestro clima los bosques crecen muy despacio y se destruyen muy fácilmente, por lo que los bosques centenarios son si cabe todavía más valiosos.

La necesaria protección de los árboles y el bosque

El hombre ha vivido en el bosque y del bosque durante siglos. En tiempo de los etruscos, nuestros antepasados creían que el dios Selvans era el encargado de proteger los bosques. Pero hoy en día no podemos dejar la protección de los bosques en manos de los dioses, sino que nos tenemos que implicar para garantizar su futuro y el de las especies que dependen de ellos, entre las que estamos nosotros. Los bosques acogen gran variedad de formas de vida, lo que ahora se llama biodiversidad. Y, por suerte, todavía tenemos bosques maduros, viejos, centenarios, bosques con personalidad que han sobrepasado muchas generaciones de personas y han visto cambiar todo el país. Bosques que nos recuerdan el pasado y que nos aseguran el futuro, auténtica garantía de calidad ambiental que debemos conservar por encima de todo, empezando por los más cercanos.

Enebro

Juniperus communis

Arbolito pequeño, dioico (las flores masculinas y las femeninas aparecen en árboles diferentes), muchas veces largo y delgado, más o menos cónico, que no suele superar los dos metros de altura, aunque en condiciones favorables puede llegar incluso hasta seis metros. Tiene hojas pequeñas, de poco más de un centímetro de longitud, estrechas y puntiagudas, con una línea clara central que atraviesa de arriba abajo toda su cara superior. Aparecen alternativamente en grupos de tres alrededor del tallo, de manera que en conjunto parece que haya seis hileras de hojas. En otoño produce muchas gálbulas de color azul oscuro, tirando a negro, pequeñas como un guisante, las enebrinas, utilizadas tradicionalmente en la elaboración del licor conocido como ginebra.

Enebro de la miera

Juniperus oxycedrus

Es un pariente muy cercano del enebro, del que se diferencia por su forma más redondeada y a menudo irregular, por las hojas, decoradas longitudinalmente por dos líneas claras en lugar de una, y por las gálbulas, que son de color cobrizo. El enebro de la miera es la versión mediterránea del enebro, adaptado a vivir en los suelos resecos y pedregosos de las tierras bajas.

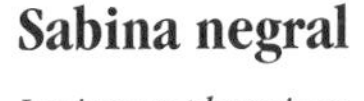

Sabina negral

Juniperus phoenicea

Arbolito de tamaño mediano, a medio camino entre el enebro y el ciprés. De hecho, la tradición dice que "la sabina nace enebro" y es verdad, ya que el árbol joven tiene hojas pequeñas, largas y puntiagudas, que recuerdan las de un enebro o un enebro de la miera. Las hojas de los árboles adultos, en cambio, se parecen más a las de un ciprés. Es un árbol de crecimiento lento, madera dura y tronco tenaz capaz de retorcerse castigado por las inclemencias del tiempo. Presente en los ambientes mediterráneos y símbolo de la isla de El Hierro, en las Canarias.

Ciprés

Cupressus sempervirens

Pariente extranjero de sabinas y enebros, el ciprés es originario de Oriente Medio, al otro lado del Mediterráneo, pero hace siglos que lo cultivamos como árbol ornamental. Crece despacio, vive muchos años y puede llegar a gran altura, con las ramas que se dirigen hacia arriba paralelas al tronco. Tiene las hojas tan pequeñas y cilíndricas que más bien parecen diminutas ramitas escamosas de color verde que se bifurcan una y otra vez. Es un árbol monoico (el mismo árbol tiene flores masculinas y femeninas); las flores masculinas son amarillas y producen gran cantidad de polen, las femeninas acaban formando piñas redondas que se abren al madurar. El ciprés tiene un gran simbolismo como árbol de duelo y de paz. Lo plantamos en cementerios y cerca de iglesias y ermitas. En otros tiempos su presencia en una casa era símbolo de hospitalidad.

Tejo

Taxus baccata

Árbol robusto, propio de hondonadas y fresquedales, de tronco grueso y corteza fina que se deshilacha en tiras largas y delgadas de color rojizo. A menudo las ramas huyen del tronco principal en búsqueda de luz y acaban desdibujando la silueta original, que en árboles cultivados que no tienen que luchar por la supervivencia es más regular y cónica. Las hojas y su disposición recuerdan las de un abeto o una pícea, pero de color más oscuro: son pequeñas, coriáceas y repartidas a ambos lados de las ramitas que las soportan. Produce bayas rojizas y pequeñas, precisamente su carne es la única parte del árbol que no es tóxica. Los tejos viven muchos años e incluso pueden llegar a ser milenarios, por lo que en algunas culturas representan un vínculo con la tierra y los antepasados.

Abeto

Abies alba

Árbol imponente, de tronco muy recto que apunta al cielo envuelto de ramas laterales, perpendiculares a éste, largas en la base y más cortas a medida que nos acercamos a la copa. El conjunto forma una estructura cónica muy regular que incluso puede superar los cuarenta metros de altura. Las hojas tienen dos rayas claras en su parte inferior. Las piñas, cilíndricas, crecen enhiestas sobre las ramas y no caen cuando son maduras, sino que se deshacen lentamente hasta liberar las semillas. Vive en Europa Central. En la península Ibérica sólo lo encontraremos en el norte, especialmente en los Pirineos. En la cima del Montseny hay una pequeña mancha que sobrevive en una umbría, testimonio de otros tiempos de clima más frío.

Pícea

Picea avies

De tamaño y forma similares al abeto, vive en estado natural en el norte de Europa y en Asia hasta Siberia, en latitudes todavía más nórdicas que el abeto. Las piñas, alargadas, cuelgan de las ramas y caen enteras al suelo. Nosotros los plantamos en jardines como árbol ornamental y los cultivamos para comercializarlos como árbol de Navidad. A veces puede aparecer espontáneamente en bosques de montaña.

Pino negro

Pinus uncinata

Un especialista en soportar las duras condiciones de la alta montaña, en realidad es el último árbol que encontraremos antes del dominio de los prados alpinos. Cuando forma bosques tiene un tronco largo y recto, de color oscuro en comparación con otros pinos, con una copa cónica en la parte más alta. Pero en el límite del bosque, las inclemencias del tiempo lo castigan y lo obligan a inclinarse y retorcerse sobre su cuerpo. Las piñas son pequeñas y irregulares: las escamas de la base expuestas al sol son más largas, puntiagudas y curvadas que las demás.

Pino piñonero

Pinus pinea

Todos los pinos producen piñones, pero el pino piñonero, como bien dice su nombre, produce grandes piñas del tamaño de un puño que contienen los piñones que los hombres consumimos desde tiempos inmemoriales. Es un árbol grande de tronco grueso, a menudo recto y siempre potente, desnudo hasta la parte más alta, que está coronada por una copa redondeada bien diferenciada del tronco. La corteza es rojiza, escamosa en las ramas más delgadas pero gruesa y profundamente agrietada en la base. Es una especie monoica, es decir, el mismo árbol produce flores masculinas y femeninas. Estas últimas, después de tres años de maduración, acaban transformándose en las conocidas piñas portadoras de piñones.

Pino silvestre

Pinus sylvestris

Pino de montaña muy extendido por toda Europa y Asia, también conocido como pino rojo o pino albar. Tiene el tronco de color rojizo, recto, largo y a menudo delgado, con las primeras ramas lejos del suelo. La copa es cónica y encaramada en la cima como una bandera. Las hojas, cortas, tienen un tono verde algo azulado. Las piñas, pequeñas, son parecidas a las del pino negro pero más simétricas, con las escamas de la base de igual forma y tamaño. El pino silvestre es apreciado por su madera y, en otros tiempos, lo fue también por su resina, de la que se extraía la trementina, sustancia muy valorada por sus poderes medicinales.

Pino carrasco

Pinus halepensis

Es el pino más abundante de las tierras bajas, muy resistente a la sequía, que llega a crecer casi tocando el mar. Tiene el tronco grisáceo, blanquecino, muchas veces un poco torcido, que soporta una copa poco densa. Las hojas son largas, de color verde claro, y las piñas grandes, rojizas, de forma alargada, repletas de piñones pequeños muy apreciados por las ardillas.

Pino negral, pino salgareño

Pinus nigra

Pino autóctono, típico de zonas de altura media, de aspecto imponente, que puede superar los treinta metros de altura. Tiene un tronco largo, potente, de color gris plateado, coronado por una copa espesa con hojas muy largas (a veces de más de quince centímetros) de color verde oscuro. Las piñas, en cambio, son pequeñas, tres veces más cortas que las hojas.

Pino marítimo

Pinus pinaster

Pino de tierras bajas. Tiene un tronco recto que soporta una copa entre cónica y redondeada, alejada del suelo, formada por ramas irregulares y hojas duras, punzantes, todavía más largas que las del pino negral (llegan a medir casi un palmo) y piñas espectaculares casi tan largas como las hojas con brácteas típicamente puntiagudas,. Muy utilizado para hacer repoblaciones forestales, que en realidad son cultivos extensivos dedicados a la producción de madera.

Pino de Monterrey

Pinus radiata

Pino de origen americano, por lo que también se conoce como pino de California, nosotros lo cultivamos para la producción de madera destinada a la fabricación de aglomerados y pasta de papel. Lo reconocemos por las hojas, de tamaño mediano (de siete a quince centímetros) agrupadas de tres en tres, y por las piñas, muy asimétricas en su base.

Tamariz gálico

Tamarix gallica

Tamariz africano

Tamarix africana

Los tamarices son arbustos de tronco robusto más o menos tortuoso y hojas pequeñas y carnosas, que recuerdan las de los cipreses. Las flores, blancas y rosadas, aparecen amontonadas en espiguillas cilíndricas. Crecen en zonas húmedas o inundables y soportan cierta salobridad del agua. El tamariz gálico puede sobrepasar los seis o siete metros de altura, tiene ramas un poco colgantes, flexibles pero difíciles de romper, y hojas de un verde azulado. El tamariz africano no crece tanto, se queda en tres o cuatro metros, y sus hojas son más amarillentas. Los tamarices arraigan fácilmente y se utilizan para estabilizar dunas y orillas de ríos y canales. Las hojas y las semillas tienen propiedades medicinales. La corteza se utilizaba para teñir pieles.

Madroño

Arbutus unedo

Arbusto típico del encinar, de corteza fina, un tanto rojiza, que se desprende en pequeñas tiras cuando es vieja, y hojas perennes, un poco coriáceas, de color verde oscuro. Las flores son pequeñas, blanquecinas, en forma de jarrita invertida, y aparecen en pequeños ramilletes. Su fruto también es llamado madroño o morojo, tiene forma de cereza granosa y es comestible.

Brezo

Erica arborea

Arbusto de tronco flexible y hojas diminutas que normalmente no sobrepasa los dos metros de altura, aunque en algunos parajes, como en la laurisilva de la isla de La Gomera, en las Canarias, hace honor a su nombre científico y llega a alcanzar más de diez metros de altura. Los tocones todavía se utilizan para la fabricación de pipas de fumar, y las ramas, muy largas y delgadas, para fabricar setos vegetales y, en algunas especies cercanas, para la fabricación de escobas rústicas.

Boj

Buxus sempervirens

Arbusto de hojas pequeñas, perennes y coriáceas, que puede llegar a los cinco metros de altura, pero que normalmente se queda mucho más abajo. Su madera, de color amarillento, es dura y homogénea, muy apreciada para trabajos de artesanía y tornería. Como planta de jardinería soporta estoicamente las podas más caprichosas, por lo que es utilizado para construir setos naturales en los jardines señoriales. Sus troncos rectos y duros se utilizan para hacer tutores para las tomateras.

Tilo

Tilia platyphyllos

Los tilos o tejas son árboles caducifolios autóctonos de gran tamaño que no suelen formar bosques, sino que aparecen infiltrados en robledos y fresnedas. Las flores están situadas en un pedúnculo que sale del centro de una bráctea muy parecida a una hoja. El conjunto de la bráctea y la flor se llama tila y se utiliza para hacer una infusión de efectos sedantes.

Granado

Punica granatum

Árbol caducifolio de origen oriental, cultivado por el hombre desde los tiempos de los fenicios, que encontramos en los huertos de las tierras bajas. Produce unas flores rojas muy vistosas y es apreciado por su fruto, la granada, una baya del tamaño de un puño dividida en su interior en varios departamentos que contienen gran cantidad de semillas rojas, jugosas, que pueden comerse crudas y tienen numerosas propiedades culinarias y medicinales. Las granadas tienen una monda dura y fuerte que envuelve las semillas durante mucho tiempo, protegiéndolas tanto de la desecación como de los depredadores. Por esta razón las granadas eran muy apreciadas antiguamente como avituallamiento durante las travesías en zonas desérticas.

Lentisco

Pistacia lentiscus

Más que un árbol suele ser un arbusto muy enramado, verde todo el año, de hojas compuestas y aromáticas. Es una especie dioica, es decir, hay ejemplares machos y ejemplares hembras, que son los que producen los frutos, redondos y pequeños como guisantes, de color rojo vivo. Vive en ambientes mediterráneos.

Cornicabra

Pistacia terebinthus

El hermano mayor del lentisco es caducifolio, más alto, de tronco más potente y con los folíolos más grandes, que recuerdan los de un algarrobo. Suele tener forma de arbolito pequeño. También es originario de la región mediterránea, pero soporta suelos más húmedos y ambientes más frescos. A menudo tiene agallas en forma de cuerno que salen directamente del tronco (de ahí el nombre de cornicabra). Produce una resina de múltiples aplicaciones.

Acebo

Ilex aquifolium

Arbolito elegante, de hoja perenne, estatura mediana y forma cónica si crece con espacio, pero irregular cuando las ramas tienen que buscar la luz en el sotobosque del hayedo o el robledal. Su tronco, vertical, tiene una corteza lisa de color verde oscuro, que se arruga y se vuelve gris en los ejemplares más grandes. Las hojas, muy coriáceas, son punzantes en los bordes o bien ligeramente onduladas. Es un árbol dioico, y por tanto sólo los árboles hembra fructifican dando las conocidas bayas rojas. Muy utilizado en la decoración navideña, en jardinería se cultivan los pies hembra a partir de esquejes para asegurar que una vez adultos fructifiquen. Existen diversas variedades creadas a partir de mutaciones que no se encuentran en la naturaleza, con hojas más oscuras o decoloradas total o parcialmente. La bayas maduras son alimento de muchas aves, entre ellas el urogallo. De su corteza se obtenía la liga, materia pegajosa que servía para cazar pájaros.

Algarrobo

Ceratonia síliqua

Arbolito chaparro, de hoja perenne, de seis o siete metros de altura, de tronco grueso a menudo torcido o abollado, corteza lisa y hojas compuestas de un número par de folíolos coriáceos y relucientes. Lo encontraremos en las tierras bajas mediterráneas, a poca altura, ya que es un árbol friolero que no soportaría una helada contundente. Las flores son diminutas y discretas, sin corola, hasta el punto de que fácilmente pasan inadvertidas. Aparecen en verano y dan su fruto en el verano siguiente, coincidiendo, por tanto, la floración del año con la fructificación correspondiente al año anterior, como ocurre también con el madroño. Su fruto, la algarroba, es una vaina gruesa, de color oscuro, dulce y muy nutritiva, muy utilizada como alimento para el ganado. Cuenta la leyenda que san Juan se alimentó de algarrobas cuando estuvo en el desierto y por eso también son conocidas como *pan de San Juan*.

Saúco

Sambucus nigra

Arbolito caducifolio que crece en fresquedales. Tiene hojas compuestas de cinco o seis pecíolos alargados, con el borde serrado, anchos en la base pero acabados en punta. Las flores, blancas y pequeñas, aparecen en numerosos ramilletes de más o menos medio palmo de diámetro, muy visibles incluso a distancia, y acaban convertidas en racimos de uvas diminutas, de color negro violeta, comestibles cuando están maduras y muy apreciadas por una gran variedad de pájaros silvestres. Es una de las plantas medicinales más antiguas, hasta tal punto que hay multitud de recetas a partir de sus flores, sus frutos o sus hojas, a las cuales se atribuyen propiedades tan diversas como la cicatrización de las heridas o la cura de enfermedades respiratorias, y poderes antiinflamatorios, antivíricos y laxantes. El saber popular aconseja tomar saúco sin pensarlo dos veces, ya que "si no te cura, por lo menos no te hará ningún daño". Lo encontramos a menudo cerca de casas de campo.

Arce común

Acer campestre

Árbol caducifolio de hasta diez metros de altura, de corteza grisácea y hojas de tamaño mediano (entre cinco y diez centímetros), divididas en cinco lóbulos, que se vuelven amarillas en otoño. Su madera es dura y muy apreciada en tornería y escultura, y también para fabricar instrumentos musicales y mangos de herramientas. Las ramas jóvenes tienen la corteza arrugada y se utilizaban para hacer cunas para las figuras del niño Jesús.

Arce de Montpellier

Acer monspessulanum

Pariente del arce común, pero con hojas más pequeñas con sólo tres lóbulos redondeados, que se vuelven rojas en otoño. Las semillas aparecen por parejas y tienen dos alas finas que les permiten ser llevadas por el viento. A diferencia del arce común, las alas no señalan direcciones contrarias, sino que cuelgan paralelas en dirección al suelo.

Orón, acirón

Acer opalus

Parece un arce común pero con las hojas mucho más grandes, con tres o cinco lóbulos poco dentados. En otoño toman un color amarillo muy llamativo. Las semillas también se presentan aparejadas pero en este caso formando un ángulo agudo. Es un árbol de fresquedal que sufre con la sequía. Aparece a menudo aislado o en grupos pequeños entre otros caducifolios.

Falso plátano

Acer pseudoplatanus

Pese a su nombre, es un pariente de los arces que llega a crecer mucho, hasta treinta metros de altura. Tiene una corteza lisa que desprende placas finas y tiene hojas parecidas a las del arce común pero mucho más grandes, que a veces llegan al tamaño de una mano. Las semillas, aparejadas, forman un ángulo de noventa grados. Es un árbol de montaña que pide suelos profundos y húmedos, pero es fuerte y capaz de adaptarse a vivir en calles y jardines.

Plátano de sombra

Platanus x hispanica

Especie híbrida de origen incierto, supuestamente creada artificialmente en España a partir de dos o más especies del género *Platanus*, de ahí el origen de su nombre científico. Puede crecer mucho, hasta más de treinta metros. Tiene una corteza de color claro, entre gris y amarillento, que desprende placas periódicamente. Es caducifolio, las hojas son grandes y tienen de tres a cinco lóbulos dentados como las de los arces. Es un árbol resistente, que vive muchos años y soporta muy bien la contaminación y las podas agresivas a las que es sometido con frecuencia. Antiguamente lo plantaban en los caminos para hacer sombra para los carruajes, y hoy en día todavía los encontraremos así a menudo, alineados en ambos lados de la carretera. También los plantamos en parques y jardines y en algunos lugares los cultivan para producir madera.

Aliso

Alnus glutinosa

Árbol de ribera grande (hasta veinte o veinticinco metros), de tronco ancho y corteza grisácea, que tiene hojas de mediano tamaño (de cinco a diez centímetros), ovaladas, de color verde oscuro, con los bordes ligeramente serrados y pegajosas cuando son jóvenes. Es un árbol monoico, es decir, el mismo árbol produce flores masculinas, en forma de racimos cilíndricos y rojizos, y flores femeninas, mucho más pequeñas, que recuerdan a pequeñas piñas. Es un árbol de montaña que necesita suelos húmedos, por eso lo encontraremos siempre cerca del agua, a veces casi dentro. Esta dependencia es tan fuerte que una sequía prolongada fácilmente puede llegar a matar incluso los ejemplares más grandes. Su madera es muy resistente a la humedad, por esta razón se utilizaba en la construcción de vallados y puentes de madera y también para la fabricación de zuecos.

Abedul

Betula pendula

Árbol de montaña, caducifolio, de buen tamaño. Su corteza es blanca y sus hojas romboidales o en forma de corazón tienen los bordes dentados, son más bien pequeñas (hasta seis centímetros) y tiemblan con el viento. Vive en el país del robledal y del hayedo, y a veces también forma pequeños bosquecillos. Su corteza, fina, blanca y flexible, se arranca fácilmente. En zonas de montaña era costumbre arrancar una pieza rectangular de corteza que, doblada con algo de maña, quedaba convertida en un vaso improvisado, que permitía coger agua de la fuente y beberla cómodamente.

Avellano

Corylus avellana

Arbolito o arbusto caducifolio que no suele sobrepasar los cinco o seis metros de altura. Tiene hojas grandes, redondeadas pero acabadas en punta, ligeramente pilosas y ásperas al tacto. Monoico, las flores masculinas se muestran agrupadas en racimos que aparecen antes que las hojas. Las femeninas son tan diminutas que pasan desapercibidas. Lo encontraremos en la naturaleza y también cultivado por su fruto, muy apreciado: la avellana.

Haya

Fagus sylvatica

Árbol alto y majestuoso, propio de climas fríos, de hasta cuarenta metros de altura, de tronco recto, corteza lisa y hojas caducas que enrojecen en otoño. Forma bosques umbríos, con el suelo cubierto de hojarasca y casi sin sotobosque. Las hierbas que viven en los hayedos están adaptadas a florecer a finales del invierno y crean auténticas alfombras de flores que aprovechan la última luz del sol antes de que las hayas saquen hojas y acaben oscureciéndolo todo. El haya florece en primavera y da su fruto a finales de verano. Sus frutos, los hayucos, pardos y relucientes, aparecen dentro de cápsulas peludas que se abren en cuatro partes y son el alimento de muchos animales del bosque, entre ellos el jabalí y el lirón gris, que procura reproducirse coincidiendo con la fructificación de las hayas. La madera de haya, dura y con pocos nudos, es muy valorada en ebanistería.

Castaño

Castanea sativa

Árbol caducifolio grande e imponente, originario de las montañas del Cáucaso, en Asia Menor, pero llevado por los humanos a todo el Mediterráneo occidental. Su implantación en España se atribuye a los romanos, y, de hecho, los estudios del polen han permitido detectar su presencia desde el siglo V antes de Cristo, cuando, probablemente, las castañas eran una parte importante de la alimentación de la gente de la época. Las hojas, un poco rígidas, alcanzan los veinte centímetros y están fuertemente dentadas. Su madera es apreciada en ebanistería por su dureza y ductilidad, lo que le da muchas aplicaciones. Su resistencia a la humedad la hace ideal para la fabricación de barriles y, en otros tiempos, los retoños jóvenes se utilizaban también para hacer cinchos o aros para las cajas de arenques. Hoy en día muchos castañares están amenazados por la falta de salida comercial de la madera y por el chancro, una enfermedad de la corteza producida por un hongo que en algunas zonas ha reducido la población a la mitad.

Castaño de Indias

Aesculus hippocastanum

Árbol corpulento de origen oriental, de hojas grandes, compuestas por cinco o siete foliolos, y flores blancas muy vistosas, agrupadas en racimos verticales de forma cónica. Cultivado como árbol ornamental, produce un tipo de castañas pequeñas, no comestibles, recubiertas por una envoltura de pinchos no tan fuertes como los del castaño auténtico. Casi todas sus partes tienen aplicaciones medicinales.

Cornejo

Cornus sanguinea

Arbusto caducifolio de tres o cuatro metros de altura, con ramas rojizas y hojas simples, blandas, un poco pilosas, dispuestas en parejas una a cada lado del tallo. Produce unas florecillas blancas, diminutas, que acaban convertidas en bayas negras del tamaño de un guisante, muy apreciadas por muchos pájaros del bosque. Crece en lugares frescos, a menudo entre zarzas; saca tallos nuevos a partir de las raíces y así se propaga muy fácilmente.

Encina

Quercus ilex

Árbol monoico, de hoja perenne y formas redondeadas, muy representativo de la península Ibérica y del paisaje mediterráneo. Las hojas son pequeñas, coriáceas, a veces con los bordes un poco espinosos. La parte superior es de color verde oscuro, mientras que por debajo son blanquecinas a causa de la presencia de una fina capa de pelusa protectora. Su fruto es la bellota (aunque los robles y las coscojas también producen bellotas), alimento básico de jabalíes, ratones de campo y, por supuesto, de los cerdos ibéricos que pastan en las dehesas, de donde sale el auténtico jamón de bellota. Algunas aves como la paloma torcaz y el ánade real también pueden comer bellotas. La madera de la encina es dura y resistente, y antiguamente se utilizaba para fabricar las ruedas y otras partes de los carruajes. Durante muchos años se carboneaba al aire libre para comercializarla una vez convertida en carbón, y aún hoy se utiliza como combustible, lo que ha provocado que buena parte de los encinares actuales estén formados sólo por árboles jóvenes. El alcornoque (*Quercus suber*) tiene un aspecto muy similar pero con la corteza recubierta de una gruesa capa de corcho.

Coscoja

Quercus coccifera

La coscoja es un pariente cercano de la encina, de la que se diferencia por su porte más pequeño, arbustivo, y por las hojas más pequeñas y pinchosas, verdes, lisas y brillantes por ambas caras, ya que les falta la pelusa protectora de la parte inferior. Las bellotas son más pequeñas y achaparradas que las de la encina, y están protegidas por una cúpula grande que tiene una granulación un poco pinchosa en la parte exterior. El tronco suele ser irregular y no demasiado grueso, por lo que su madera es poco apreciada. Aun así se había utilizado para hacer carboncillo y su corteza se utilizaba en las curtidurías para teñir. Es un arbusto friolero, que prolifera en los suelos calcáreos de las tierras bajas, a menudo yermos y pedregosos, resecos, donde otros arbustos no pueden arraigar. Forma matas espesas, casi impenetrables, que no llegan a los dos metros de altura. Está adaptado al clima mediterráneo hasta el punto de que es capaz de soportar los incendios, ya que vuelve a brotar después del paso del fuego.

Roble albar

Quercus petraea

Árbol centroeuropeo que se extiende por las tierras húmedas del norte de la península Ibérica. Como todos los robles, tiene hojas caducas más o menos lobuladas, en este caso de color verde intenso, muy glabras, como los pecíolos que las soportan, que se mantienen mucho tiempo en el árbol una vez secas en invierno. Las bellotas tienen un pecíolo muy corto o salen directamente de las ramas.

Roble melojo, rebollo

Quercus pyrenaica

Pequeño para ser un roble, ya que no sobrepasa los quince metros. Las hojas son gruesas, rígidas, con entrantes muy pronunciados y tan peludas, sobre todo en la parte inferior, que parecen aterciopeladas. Es conocido por su capacidad de rebrotar de cepa con gran cantidad de retoños cuando es talado a ras del suelo. Propio de climas continentales de tendencia atlántica con poblaciones residuales esparcidas por toda la península Ibérica.

Roble carvallo

Quercus robur

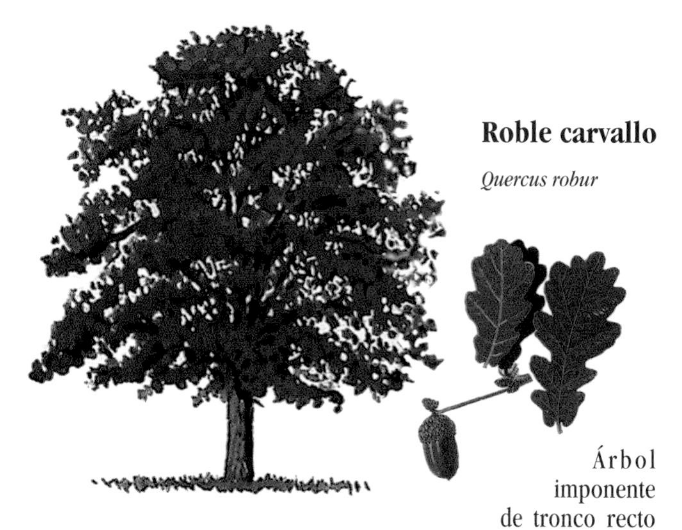

Árbol imponente de tronco recto y potente, que puede sobrepasar los cuarenta metros. Hojas grandes, lampiñas, que caen en seguida cuando se secan, provistas de dos "orejitas" que las extienden un poco más atrás del punto de sujeción con el pecíolo, que es muy corto. Las bellotas, en cambio, cuelgan de un pedúnculo larguísimo, que puede sobrepasar los diez centímetros. Presente en toda Europa, entra a España por los Pirineos y se extiende hasta el noroeste peninsular.

Roble americano

Quercus rubra

Roble alto y recto de hojas a veces casi tan grandes como una mano, de perímetro tortuoso marcado por lóbulos muy puntiagudos, que cuelgan de un pecíolo bastante largo. Es una especie norteamericana cultivada por la calidad de su madera y también en jardinería por la bella coloración de sus hojas, que se vuelven primero amarillas y después intensamente rojas en otoño.

Nogal

Juglans regia

Árbol caducifolio, grande, de ramaje esférico, ancho y tupido. Tiene hojas grandes que desprenden una fragancia especial, un tanto pegajosas cuando son jóvenes, compuestas de cinco a nueve folíolos de diez o quince centímetros cada uno. La corteza es blanquecina, lisa al principio pero muy agrietada cuando el árbol es viejo. Es originario de Oriente Medio, pero el hombre lo ha cultivado desde tiempos inmemoriales y lo ha extendido por multitud de países, desde China hasta México. Es muy apreciado por su fruto, la nuez, a la que, a parte del gusto, se le atribuyen todo tipo de propiedades. Antiguamente decían que, por su forma, curaba los males del cerebro. Ahora, en cambio, es conocida por sus propiedades anticolesterol. Su nombre científico tiene significado, ya que *Juglans regia* significa, más o menos, 'glande real de Júpiter'. La madera dura y veteada del nogal es una de las más apreciadas en ebanistería, y también se utiliza para hacer culatas de armas de fuego.

Laurel

Laurus nobilis

Árbol bajo que a veces se queda en un arbusto con uno o varios troncos principales que suben dirección al cielo cubiertos por una corteza de color gris oscuro. Tiene un ramaje espeso formado por hojas perennes, lanceoladas, duras, con el margen ligeramente ondulado, que desprenden un olor muy agradable al romperlas, por lo que son parte importante de la cocina mediterránea como condimento de guisos. Es un árbol dioico, por tanto sólo los árboles hembra dan frutos, de color negro y el tamaño de una oliva. El laurel tiene un gran significado simbólico y mitológico. Con hojas de laurel se coronaban los vencedores de las olimpiadas, los emperadores y los ganadores de los juegos florales. Y, hasta hace poco, eran plantados junto a las casas para protegerlas de los rayos y apartar a sus habitantes de todo tipo de males. Quienes no podían tener un laurel en casa tenían la opción de llevar una ramita a bendecir el Domingo de Ramos, y guardarla todo el año en casa para que cumpliera la misma función.

Falsa acacia, robinia

Robinia pseudoacacia

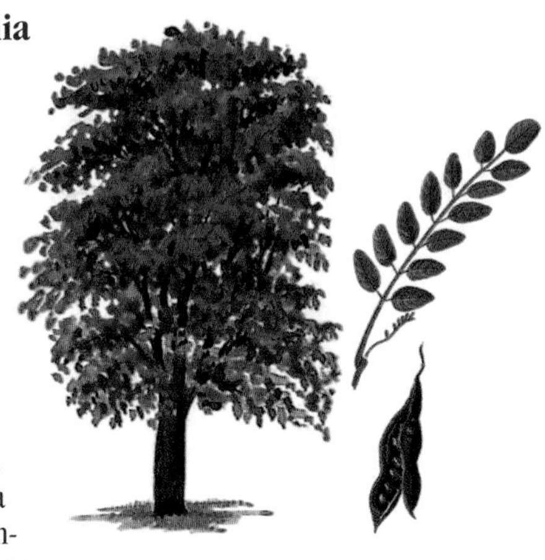

La robinia o falsa acacia crece en estado natural en América del Norte, pero la encontraremos en muchos países en parques y jardines y a veces instalada en plena naturaleza, donde aparece espontáneamente. El tronco tiene corteza arrugada y espinas potentes esparcidas por las ramas. Tiene hojas largas, compuestas de once a veinticinco pecíolos de forma ovalada. Produce flores blancas, grandes, agrupadas en racimos cilíndricos que cuelgan de las ramas, visibles desde muy lejos. Su madera es apreciada para hacer vallas y construcciones al aire libre, ya que se conserva durante muchos años.

Mimosa

Acacia dealbata

Guiños del lenguaje, a la robinia la llamamos acacia y a las auténticas acacias (atendiendo a la clasificación científica) las llamamos mimosas. Son de origen australiano pero muy extendidas en nuestro territorio como árbol ornamental por sus flores amarillas, diminutas y olorosas agrupadas en numerosos ramilletes que tiñen el árbol de color a finales de invierno.

Mimosa dorada

Acacia longifolia

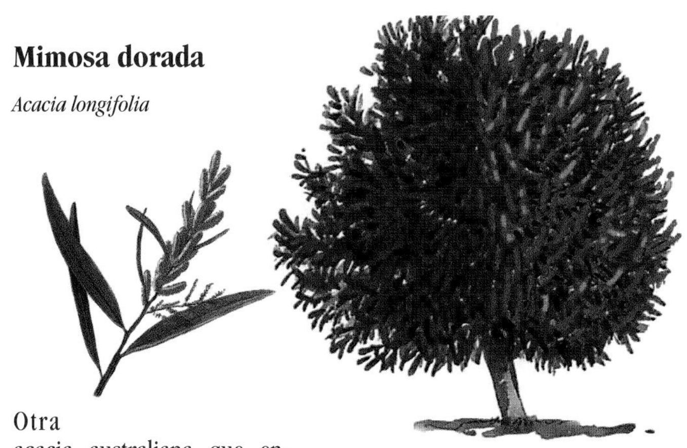

Otra acacia australiana que encontraremos en parques y jardines, a menudo cerca de la costa. Debe su nombre al color de los racimos en los que se agrupan sus flores, también amarillas. Es de tamaño más pequeño que la mimosa, ya que no suele pasar de siete u ocho metros de altura.

Mimosa negra

Acacia melanoxylon

También australiana y de tamaño muy grande, a diferencia de las otras especies que hemos visto, esta acacia tiene hojas simples, de color verde oscuro, forma lanceolada y unos diez centímetros de longitud. Las flores, pequeñas, aparecen agrupadas en ramilletes de color crema. Se cultiva como árbol ornamental pero también puede aparecer espontáneamente en zonas del litoral.

Higuera

Ficus carica

Especie mediterránea que ha acompañado al hombre por todo el mundo. Es un árbol pequeño que a veces se queda en arbusto, de fácil identificación por sus hojas grandes fuertemente lobuladas, que a veces sobrepasan el tamaño de una mano. El tronco es recto si las condiciones son óptimas, pero se retuerce sobre sí mismo si el ambiente no es el más adecuado. La corteza es lisa, de color claro y responde a las heridas exudando una leche de color blanco que antiguamente se usaba para curar las caries y para hacer desaparecer las verrugas de la piel. Su fruto, el higo, es en realidad una bolsa llena de frutos diminutos de color morado que se amontonan en su interior. Son comestibles y se pueden conservar mucho tiempo una vez secos. La encontramos en tierras bajas, a menudo creciendo entre las grietas de las rocas, y también cerca de las casas de campo.

Morera blanca

Morus alba

Arbolito de pequeño tamaño, de origen asiático. Sus hojas, grandes y delgadas, de color verde brillante, pueden ser dentadas y en forma de corazón o bien fuertemente lobuladas. Produce moras blancas o rosadas. Las hojas son el alimento básico de los gusanos de seda. Nosotros la plantamos como árbol de sombra en parques y jardines.

Ailanto

Ailanthus altissima

Árbol caducifolio, muy grande, originario de China, con hojas un poco malolientes y muy grandes, subdivididas en muchos folíolos más pequeños que por sí mismos tienen el aspecto de hojas convencionales. Llegó a nuestro territorio como árbol de sombra para calles y jardines, pero se ha extendido y crece en los márgenes de caminos y espacios naturales, donde se considera una especie invasora.

Mirto

Myrtus communis

Arbusto de hojitas persistentes, coriáceas, provistas de diminutas glándulas internas llenas de aceites esenciales, que veremos como puntitos translúcidos si miramos la hoja a contraluz. Produce florecillas blancas y aromáticas y frutos en forma de baya de color oscuro y tamaño de un guisante. Es un emblema de la cultura mediterránea, apreciado en jardinería, y el único representante en Europa de la familia de las mirtáceas, que incluye árboles y arbustos de climas tropicales y subtropicales, entre ellos el eucalipto.

Mirto de Brabante

Myrica gale

Arbusto caducifolio, resinoso y aromático, propio de climas suaves de influencia atlántica, que crece en turberas de montaña o en la misma orilla de los riachuelos, utilizado antiguamente para aromatizar la cerveza. Lo encontraremos en el noroeste de la península Ibérica.

El género *Eucalyptus* incluye unas quinientas especies de árboles y arbustos de origen australiano, de las cuales una parte han llegado al mundo entero llevadas por el hombre para la producción de madera. Las dos especies más comunes en nuestro territorio son el eucalipto blanco o común y el eucalipto rojo o de hoja estrecha. Ambas tienen hojas persistentes, olorosas, anchas y cortas en los árboles jóvenes y mucho más largas y tuertas, péndulas, en los árboles grandes. Son poco resistentes al frío y han llegado a nuestro país con la triste misión de ayudar en la desecación de humedales o de sustituir bosques autóctonos por plantaciones destinadas a la producción de madera. Su gran capacidad de absorción de agua les permite un crecimiento muy rápido y la hojarasca que producen se descompone muy lentamente. Todo esto convierte las plantaciones de eucalipto en auténticos yermos para la fauna autóctona. Al menos las infusiones hechas con sus hojas son útiles contra las afecciones respiratorias.

Fresno común

Fraxinus excelsior

También conocido como fresno de hoja grande, se trata de un caducifolio espectacular, que puede llegar a pasar de treinta o cuarenta metros de altura. Tiene hojas largas, de un palmo aproximadamente, partidas entre nueve y trece folíolos de bordes serrados, sin pecíolo. Las flores, pequeñas y discretas, aparecen antes que las hojas. Los frutos tienen un ala membranosa alargada (el conjunto de fruto y ala se llama sámara) y aparecen agrupados en racimos muy visibles, de color más claro que las hojas. La madera de fresno es flexible pero a la vez muy resistente, por lo que se utilizaba para hacer mangos de herramientas y brazos de carruajes. A las hojas y la corteza se les atribuyen propiedades medicinales. Es un árbol centroeuropeo amante de las orillas de ríos y paisajes de montaña, que llega a España por el norte.

Fresno de hoja estrecha

Fraxinus angustifolia

Es una versión reducida del fresno común: tanto el tamaño como las hojas, las flores y los frutos son parecidos pero más pequeños. Lo podemos identificar mirando los botones que forman las hojas, que son lampiños, de color castaño oscuro, a diferencia de los botones del fresno común, que son negros y ligeramente aterciopelados.

Fresno de flor

Fraxinus ornus

El más escaso y también el más pequeño de los fresnos a duras penas llega a ocho o diez metros de altura. Debe su nombre a sus flores blanquecinas, pequeñas pero vistosas, agrupadas en ramilletes de ocho o diez centímetros, razón por la que es apreciado en jardinería. Botones grises. De origen mediterráneo, y mucho más escaso que las otras especies de fresno.

Olivo

Olea europaea

Árbol chaparro, de poca altura pero imponente por su tronco grueso, retorcido, a veces muy ancho, recubierto por una corteza gris con un tono plateado, lisa cuando el árbol es joven pero con pequeñas grietas en los árboles viejos. Las hojas son persistentes y coriáceas, lanceoladas, sujetadas por un pecíolo muy corto. Las flores, muy pequeñas, son blancas. El fruto, la oliva o aceituna, es una drupa que comienza verde pero se oscurece a medida que va madurando. Las olivas se recogen y se chafan en molinos de piedra hasta convertirlas en una pasta que, una vez prensada, da un jugo oleoso que lleva mucha agua. Dejándolo reposar, por decantación el agua se va al fondo y el aceite se queda en la superficie. Este aceite de primera prensada en frío tiene la calidad máxima y es la pieza clave de la cocina mediterránea. El olivo se ha cultivado desde el tiempo de Maricastaña, y es un símbolo universal de la paz que crece espontáneo en toda la región mediterránea. Cuando crece silvestre es conocido como oleastro o acebuche.

Labiérnago

Phyllirea angustifolia

Arbolito o, mejor dicho, arbusto, pariente del olivo, de hojas igualmente perennes y coriáceas, pero más estrechas y largas, totalmente glabras (sin la pelusa plateada de la parte inferior de las hojas del olivo). Los frutos parecen pequeñas olivas acabadas en punta.

Agracejo

Phyllirea latifolia

Arbusto de ramas blanquecinas y hojas perennes, más anchas y cortas que en la especie anterior. También produce flores blancas, pequeñas, que aparecen en la base de las hojas, pero el fruto es más esférico, sin acabar en punta. Ambas especies son propias de la región mediterránea. Por su parecido con el labiérnago, también es conocido como labiérnago de hoja ancha.

Aladierno

Rhamnus alaternus

El aladierno es un árbol mediterráneo, dioico, verde todo el año, de corteza lisa y grisácea, agrietada en los árboles más grandes. Tiene hojas brillantes que recuerdan las de la encina, pero con el borde ligeramente serrado y totalmente glabras (sin pelos). Las flores, pequeñas, pasan desapercibidas, pero el fruto es una drupa del tamaño de un guisante, rojo en un principio y negro en la madurez.

Arraclán

Frangula alnus

Arbolito o arbusto caducifolio de hojas ovaladas y brillantes, que se vuelven amarillas en otoño. Produce flores diminutas, blancas, de menos de medio milímetro, reunidas en grupitos, que acaban convirtiéndose en una pequeña drupa del tamaño de un guisante que comienza verde, se vuelve rojo y acaba negro. Le gustan las zonas frescas de montaña y huye del clima mediterráneo.

Majuelo

Crataegus monogyna

Arbusto caducifolio muy espinoso que a veces puede crecer hasta el tamaño de un arbolito. De hojas pequeñas, simples, divididas por lóbulos muy marcados y sujetadas por un pecíolo largo. El fruto es rojo, esférico, del tamaño de un guisante. Vive en bosques, márgenes y orillas de río y, como el endrino, huye de las zonas excesivamente secas y calientes.

Endrino

Prunus spinosa

Arbusto muy ramificado y espinoso, con hojas pequeñas sujetadas por un pecíolo muy corto. Las flores, blancas, pequeñas y muy abundantes, aparecen antes que las hojas y por unos días visten toda la planta de color blanco. El fruto es la endrina, una drupa de color azul oscuro, pruinosa y ácida, esférica, del tamaño de un pequeño grano de uva, ingrediente básico para la fabricación de un licor: el pacharán.

Manzano

Malus sylvestris

Arbolito de tamaño mediano y ramaje bajo, con ramas a veces un poco puntiagudas y hojas ovadas con el borde serrado, un poco peludas cuando son jóvenes. Las flores son blancas o rosadas, reunidas en grupitos de cuatro o cinco, y dan uno de los frutos más apreciados: la manzana. Las variedades silvestres hacen manzanas más pequeñas y ácidas y tienen ramas mucho más puntiagudas.

Peral silvestre

Pyrus piraster

Árbol grande, de hasta veinte metros de altura, con hojas ovadas poco o nada pilosas, sujetadas por un pecíolo casi tan largo como la misma hoja. Flores en ramilletes, parecidas a las del manzano pero con los estambres de color oscuro. Crece espontáneamente en la media montaña. Los ejemplares silvestres tienen ramillas espinosas y producen peras más pequeñas y redondeadas.

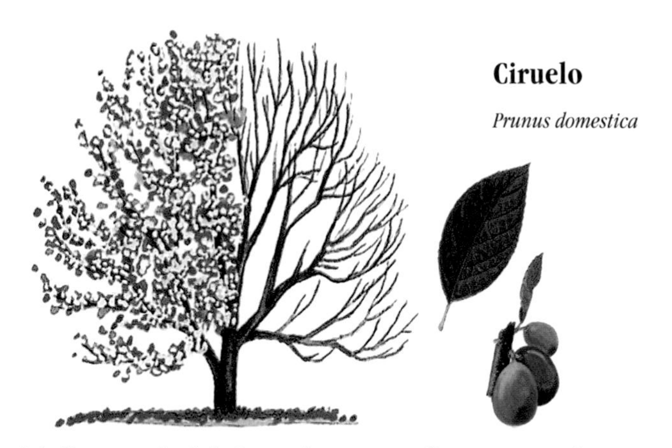

Ciruelo

Prunus domestica

Arbolito pequeño de hojas ovadas y margen finamente serrado. Sus flores, como pasa con los manzanos, los perales y otros árboles de la familia, son hermafroditas, es decir, contienen ellas mismas la parte masculina y la femenina del árbol. Su fruto es la ciruela. Las producidas por variedades silvestres son de color azul violáceo, pruinosas y un poco alargadas, pero la selección por parte del hombre ha producido muchas variedades más grandes y esféricas.

Melocotonero, durazno

Prunus persica

Arbolito originario de China, donde ya se cultivaba hace miles de años, que trajimos a Europa por sus frutos melosos con piel de algodón: los melocotones o duraznos. Las ramas, no espinosas, a menudo gotean un jugo gomoso, son flexibles y se doblan con el peso del fruto. Las flores son rosadas y aparecen solitarias o en parejas antes que las hojas, tiñendo todo el árbol de color.

Cerezo

Prunus avium

Árbol autóctono, caducifolio, de buen tamaño y copa alta y regular, que soporta bien el frío y puede vivir muchos años, hoy en día cultivado en regiones templadas de todo el mundo. Tiene un tronco recto, con corteza lisa, lustrosa, de color grisáceo a veces con trazas rojizas, que se pela en tiras papiráceas horizontales y muy a menudo lleva marcas verrugosas en forma de anilla. El cerezo tiene la capacidad de rebrotar de cepa después de haberlo cortado. Las hojas son grandes (hasta quince centímetros), alargadas, de color verde oscuro, con el borde dentado, y cuelgan agrupadas en pequeños manojos. Las flores, blancas, aparecen a principios de primavera, mucho antes que las hojas, y también se presentan en grupitos. Los frutos, las cerezas, aparecen en manojos colgadas al final de un pedúnculo muy largo. El hombre ha creado decenas de variedades de cerezos, como las picotas, las *burlat*, *summit*, tigre, Napoleón, etc. La madera es muy apreciada en ebanistería y tornería y, bien tratada, adquiere un característico tono rojizo oscuro.

Albaricoquero, damasco

Prunus armeniaca

Otro arbolito caducifolio de origen asiático (de hecho su nombre científico lo bautiza como originario de Armenia). Tiene ramas rojizas (sobre todo las jóvenes) y hojas acorazonadas, ligeramente dentadas, que de jóvenes se enrollan sobre sí mismas. Las flores son rosadas o blancas, llevan un pecíolo muy corto y también aparecen antes que las hojas. Los hombres lo hemos cultivado en todos los lugares por sus frutos, los albaricoques, aterciopelados como los melocotones. Los albaricoques se pueden conservar una vez secos, entonces son conocidos como orejones de albaricoque, un producto tradicional en muchos países mediterráneos, desde Turquía hasta Marruecos, y, según dicen, son eficaces contra el estreñimiento. Sus huesos no tienen relieve como los del melocotón, sino que son lisos como una almendra. En Italia son la base para la elaboración de un conocido licor amargo con regusto de almendras, el *amaretto*. En nuestro territorio encontramos el albaricoquero sólo como árbol cultivado, normalmente de regadío.

Ametller

Prunus dulcis

Arbolito caducifolio de origen oriental, cultivado por su fruto, el almendruco, cuya semilla (la almendra) es muy apreciada en pastelería, ingrediente básico de productos tan conocidos como los turrones y el mazapán. Produce una gran cantidad de flores blancas o rosadas, muy tempranas, que aparecen en pleno invierno y tiñen el árbol de color mucho antes de que salgan las hojas, lanceoladas y estrechas, con el limbo finamente dentado. Tiene una corteza de color oscuro, muy agrietada. Los almendros viejos pueden tener agujeros profundos en el tronco, restos de antiguas heridas de guerra, muy apreciados por aves como la carraca.

Guindo

Prunus cerasus

Arbolito caducifolio de ramas delgadas y colgantes que recuerda a un cerezo de tamaño reducido. Su fruto, la guinda, es como una cereza áspera de color rojo negruzco.

Membrillero

Cydonia oblonga

Arbolito caducifolio de ramas tortuosas y elásticas. Produce flores blancas y vistosas que conviven con las hojas simples y peludas. Los frutos son amarillos, de buen tamaño, duros como una manzana pero con la piel aterciopelada como un melocotón. Su pulpa, hervida y condimentada, y mezclada con azúcar, es la base para la elaboración de la carne de membrillo o dulce de membrillo.

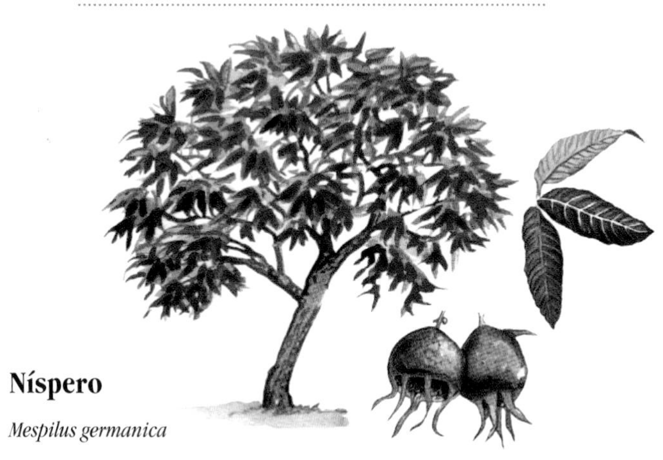

Níspero

Mespilus germanica

Arbolito de origen oriental a menudo pinchoso, caducifolio, con las hojas y las ramas jóvenes pilosas. Se cultivaba por su fruto, el níspero, de color castaño y forma de peonza, comestible cuando está muy maduro y muy útil para sanar la diarrea. Hoy en día es escaso, pero todavía queda alguno que sobrevive en alguna ribera o cerca de casas de campo.

Cerezo aliso

Prunus padus

Pequeño árbol de montaña, caducifolio, de tronco delgado y flexible y corteza de color gris oscuro, fina y lisa en los ejemplares jóvenes y agrietada en los adultos. Las flores, blancas y aromáticas, aparecen colgando en grupo en el extremo de las ramas. Sus frutos, del tamaño de un guisante, son comestibles pero de gusto áspero. Se cultiva por su belleza, tanto en la floración de primavera como cuando las hojas amarillean en otoño.

Loro, laurel de Portugal

Prunus lusitanica

Arbolito de hojas perennes, coriáceas, de color verde oscuro, con los bordes finamente serrados, que produce racimos de frutos amargos de color rojo que se oscurecen al madurar. Es una reliquia del terciario que sobrevive en algunos lugares del suroeste de la península Ibérica y en las islas atlánticas como las Canarias, las Azores y Madeira.

Serbal

Sorbus domestica

Árbol de buen tamaño que llega a los quince metros de altura. De tronco recto y hojas compuestas a la manera de las robinias o los fresnos, cada una de las cuales tienen entre once y diecisiete folíolos de bordes muy dentados. El fruto, la serba, tiene la forma de una pera diminuta y es comestible si está muy maduro.

Mostajo

Sorbus aria

Pariente del serbal de hojas simples, grandes, doblemente dentadas, sujetadas por un pecíolo corto, fáciles de identificar por su cara inferior, blanca y aterciopelada. Sus frutos son pequeños y poco apreciados, por lo que el mostajo se cultiva sólo por su valor ornamental. Vive en bosques caducifolios de montaña y penetra en las tierras bajas por las umbrías y hondonadas.

Mostajo de perucos, serbal silvestre

Sorbus torminalis

Otro caducifolio precioso, como todos los *Sorbus*, de tronco corto y copa baja, con hojas de perfil inconfundible, que recuerdan las de un arce, con los lóbulos puntiagudos, más grandes a medida que se acercan a la base. Los frutos, pequeños, aparecen en ramilletes, y son comestibles muy maduros. Hay quien, con paciencia, hace mermelada con ellos.

Serbal de cazadores

Sorbus aucuparia

El más montano de los serbales es un pequeño árbol de origen europeo que se extiende incluso hasta el norte de la península Ibérica. Necesita humedad y soporta muy bien el frío. Tiene las hojas compuestas como el serbal común pero produce ramilletes densos de frutos menudos muy apreciados por distintas aves silvestres. A veces es cultivado como árbol ornamental.

Chopo

Populus nigra

Árbol caducifolio corpulento, de tronco más o menos recto y corteza lisa en un principio pero abollada y agrietada longitudinalmente en los árboles adultos. Tiene botones glabros y pegajosos y hojas relucientes, también glabras, que cuelgan de un pecíolo muy largo. Tanto las flores masculinas como las femeninas son pequeñas y forman amentos que cuelgan, rojizos (los masculinos) o de color verde (los femeninos). Se trata de un árbol dioico, por lo que unos y otros aparecen en pies diferentes. El fruto es una pequeña cápsula ovoide que cuando se abre libera semillas diminutas provistas de largos pelos algodonosos. Es un árbol de crecimiento rápido. Ha sido cultivado desde hace muchos años por su madera, blanca, ligera y de poca calidad, que se utiliza para elaborar pasta de papel y palés. Por esta razón hemos producido híbridos con otras especies y también diversas variedades o razas. La más conocida es *Populus nigra italica*, el típico chopo largo y delgado que todos tenemos en mente. Muchas de estas variedades son en realidad clonaciones de un mismo ejemplar, frecuentemente macho, para evitar la molesta presencia de las semillas algodonosas. Para crear más ejemplares es necesario hacerlo mediante estacas o esquejes.

Álamo común

Populus alba

Majestuoso, con un tronco blanco más o menos marcado por anillos concéntricos más oscuros, más verrugoso y oscuro en la base de los ejemplares más grandes. Las yemas son peludas y pegajosas.
Las hojas tienen una forma variable, desde ovaladas hasta lobuladas como las de un arce, pero con la parte de abajo siempre blanca y muy aterciopelada. Es un árbol de ribera que convive con chopos y sauces, muy utilizado en jardinería.

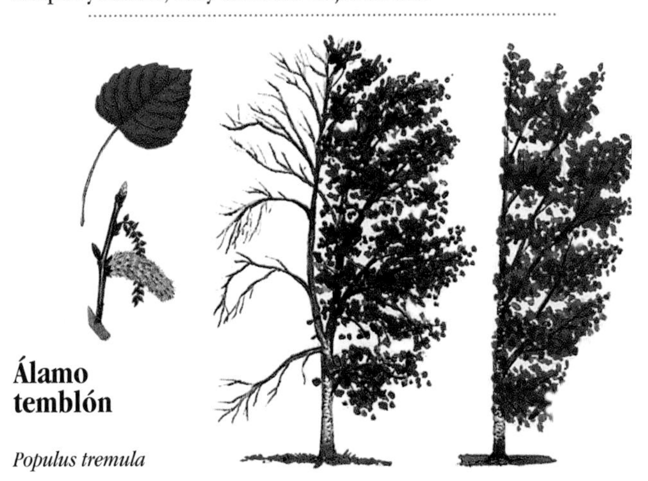

Álamo temblón

Populus tremula

Más pequeño que el chopo y el álamo (no suele pasar de quince metros), de corteza blanquecina, botones glabros y pegajosos y hojas más pequeñas, también glabras, en forma de corazón, mordidas por los bordes y sujetadas por un pecíolo muy largo y flexible, lo que hace que tiemblen en seguida con un poquito de viento. Forma bosquecillos en zonas de montaña.

Sauce llorón

Salix babylonica

El árbol de jardín por excelencia es un pariente de origen asiático de nuestros sauces y sargas. Tiene una copa redondeada soportada por un tronco firme, con corteza de color oscuro que se agrieta con la edad. Es un árbol de crecimiento rápido y vida corta, inconfundible por sus ramas larguísimas y tan flexibles que su propio peso las dobla y las hace bajar verticalmente hasta tocar el suelo. Las hojas son lanceoladas, ligeramente serradas en los bordes. Como todos los *Salix* es un caducifolio amante de suelos húmedos, que es necesario regar frecuentemente si lo mantenemos en un jardín. Soporta bien el frío, aunque las primeras heladas le estropean los brotes tiernos. Es un árbol dioico, y en jardinería normalmente se utilizan pies femeninos que, reproducidos por esqueje, dan otros pies (clones, en realidad) también femeninos. En la mitología es símbolo de duelo, tristeza, melancolía y desamor.

Sauce blanco

Salix alba

Árbol de ribera caducifolio, dioico, de tronco gris verdoso en un principio, más tarde marrón, agrietado longitudinalmente, con ramas algo pilosas y hojas lanceoladas, recubiertas por debajo de un terciopelo blanco que les da un aspecto plateado. Inflorescencias en forma de amento (muchas flores pequeñas agrupadas en un racimo), las masculinas de color amarillento y las femeninas verdosas. Muy común, forma salcedas cerca de los cursos de agua.

Sauce cenizo, sarga negra

Salix atrocinerea

Arbusto o arbolito pequeño de tronco robusto, más o menos torcido, con corteza gris ceniza y copa poco densa. Las hojas son lanceoladas, típicas de los *Salix*, con el margen entero o muy poco dentado. Las flores, verdes en los árboles hembra y amarillentas en los machos, aparecen antes que las hojas, son diminutas y se agrupan en pequeños y numerosos ramilletes algodonosos, erectos, del tamaño de una uña, que por unos días dan al árbol un aspecto muy peculiar.

Sauce cabruno, sargatillo

Salix caprea

Pariente del sauce cenizo de costumbres montanas y hojas más anchas, brillantes por encima y muy peludas por debajo, con los nervios muy visibles y la punta ligeramente girada hacia un lado, sujetadas por un pecíolo largo (hasta dos centímetros) en comparación con los otros sauces. Florece de manera muy similar al sauce cenizo. Lo encontraremos en claros de bosques húmedos de montaña.

Sarga

Salix eleagnos

Otro sauce, en este caso de ramas largas y flexibles, las más jóvenes recubiertas de pelos, con hojas muy largas y estrechas, glabras por encima y aterciopeladas por debajo, acabadas en punta, con el borde entero o muy poco dentado. Es un arbusto que no suele pasar de cinco o seis metros de altura. Crece en los bordes de los torrentes, a veces en tierras sedimentarias llevadas por el agua.

Mimbrera

Salix fragilis

Parece un sauce pero tiene las hojas más largas (suelen pasar de diez centímetros) y las ramas no son peludas. En condiciones naturales es un árbol que puede alcanzar unos cuantos metros de altura, pero en el campo se mantiene a raya por el aprovechamiento de los mimbres, los brotes del año que salen en gran cantidad donde se corta una rama. Entonces su forma cambia, convirtiéndose en un tronco chaparro de donde cada año salen multitud de brotes tiernos o mimbres, material básico de cualquier pieza de cestería. Dicen que, para obtener un buen resultado, hay que cortarlos durante la luna llena de febrero. Después se juntan en fajos y se dejan secar tranquilamente hasta junio. Entonces, antes de trabajarlos, se tienen que poner en remojo unos quince días y ya se pueden utilizar. Años atrás, las casas de campo tenían mimbreras que aguantaban los márgenes de las balsas, y los cesteros recorrían las casas para recoger los mimbres a cambio de alguna cesta. Un ejemplo de libro de aprovechamiento sostenible del entorno, sobre todo si tenemos en cuenta que para hacer una cesta sólo hacen falta manos y agua, y que una vez vieja e inservible aún se puede reciclar para encender el fuego.

Almez

Celtis australis

Árbol caducifolio de tierras bajas, grande, con corteza lisa de color gris oscuro y hojas de color verde apagado, peludas, ásperas al tacto, que cuelgan de las ramas como si siempre estuvieran un poco marchitas. Los hombres hemos aprovechado históricamente su madera dura y flexible para la fabricación de herramientas agrícolas, especialmente horcas y yugos. Su fruto es la almeza, una drupa comestible del tamaño de un guisante, con mucho hueso y poca carne. Cuando llegan los picogordos, en invierno, buscan las almezas ya pasadas para abrir el hueso con su pico potente y comerse la semilla. Hoy en día se cultiva como árbol ornamental.

Olmo

Ulmus minor

Arbolito autóctono, bajo y malformado cuando tiene que competir con otra vegetación, pero alto y firme cuando encuentra buenas condiciones. Tiene hojas pequeñas, de bordes dentados, ásperas al tacto, muy apreciadas por las cabras y los corzos. Hoy en día muchos olmos sufren grafiosis, una enfermedad provocada por un hongo y que un escarabajo parasitario se encarga de extender. Los árboles afectados pierden las ramas enteras por la obturación de los vasos conductores de la savia. En casos extremos el hongo llega a matar todo el árbol.

Olmo de montaña

Ulmus glabra

Parecido al olmo, pero más montañés y también más escaso, con las hojas el doble de grandes sujetadas por un pecíolo más corto. El fruto es una sámara redondeada con la semilla casi en medio del ala (las sámaras de los olmos, en cambio, tienen forma de pera y llevan la semilla en el lado más ancho del ala).

Naranjo

Citrus sinensis

De origen asiático y llevado a Occidente por los árabes, es un árbol de porte medio, con hojas ovadas de margen entero, perennes, a veces con grandes espinas en las ramas. Su fruto es la naranja. Hay muchas variedades producidas por la mano del hombre y extendidas por muchos países de clima templado. Producen flores blancas y olorosas, de propiedades terapéuticas, que tienen nombre propio: azahar. Los naranjos son frioleros y no soportan los inviernos crudos.

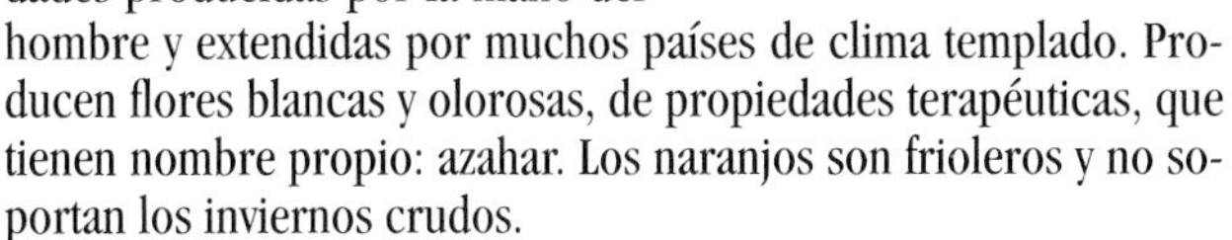

Limonero

Citrus limon

Otro arbolito asiático, de aspecto y requerimientos similares a los del naranjo pero de tamaño más pequeño, según algunos botánicos resultado del cruce entre diversas especies parecidas. También puede ser espinoso y huye de los climas fríos. Cultivado en el mundo entero por su fruto, el limón, de jugo ácido y múltiples aplicaciones.

Palmito

Chamaerops humilis

La única palmera autóctona de la Europa continental es friolera y no hay que buscarla demasiado lejos de la costa mediterránea. Suele crecer hasta llegar a un par o tres de metros de altura. Tiene hojas palmeadas, grandes, en forma de abanico, divididas por muchos pliegues que salen de la base y se dirigen hacia los bordes abriéndose y desgarrando la hoja antes de llegar. Estas hojas gigantes, las más grandes de nuestra flora, están bien sujetas al tronco por un pecíolo potente protegido por espinas duras. El palmito es un árbol dioico que produce flores agrupadas en racimos que en otoño, y sólo en el caso de los pies femeninos, acaban dando unos dátiles anaranjados conocidos como uvas de palma. Los brotes tiernos son comestibles y las hojas se utilizan para fabricar cestas, espuertas, serones y capazos. El palmito rebrota de cepa después de los incendios y puede vivir muchos años. El ejemplar más antiguo conocido es el llamado *palma di Goethe*, plantado hacia 1585 en Padua (Italia), hoy en día la estrella del jardín botánico de esta ciudad.

Palmera canaria

Phoenix canariensis

Árbol chaparro que no suele pasar de diez metros de altura, originario de las islas Canarias, pero plantado a menudo como especie ornamental. Los pies hembra producen ramilletes con una gran cantidad de frutos parecidos a los dátiles pero más pequeños, de color anaranjado, nada apreciados para comer. En la isla de La Gomera le extraen la savia, llamada guarapo, que obtienen cortando las hojas más tiernas del centro de la copa. Del guarapo se obtiene la apreciada miel de palma.

Palmera datilera

Phoenix dactylifera

La típica palmera del oasis del desierto del Sahara también ha llegado a nuestro territorio como árbol ornamental y en algunas zonas, como en el sur valenciano, llega a ser muy abundante. Es mucho más alta (puede superar los veinte metros) y produce los conocidos dátiles comestibles. Con sus hojas se hacen las palmas y palmos que se llevan a bendecir el Domingo de Ramos.

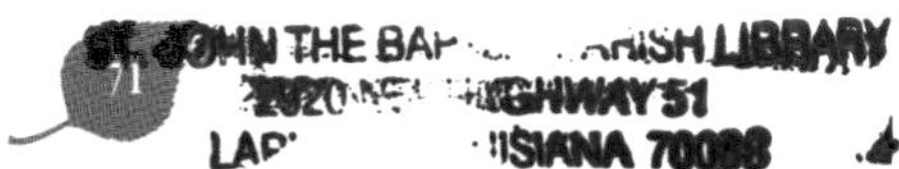